Intimismos   Intimacies

ALSO BY *Pablo Neruda,*

WITH PAINTINGS BY MARY HEEBNER

On the Blue Shore of Silence

Intimismos

Poemas de Amor

Traducción del español por ALASTAIR REID

Pinturas por MARY HEEBNER

Intimacies

Poems of Love

PABLO Neruda

Translated from Spanish by ALASTAIR REID

Paintings by MARY HEEBNER

HARPER

An Imprint of HarperCollins*Publishers*

www.harpercollins.com

PRIMERA EDICIÓN

Diseño del libro por Shubhani Sarkar

Library of Congress ha catalogado la edición en inglés:

FIRST EDITION

Designed by Shubhani Sarkar

Library of Congress Cataloging-in-Publication Data:

Neruda, Pablo, 1904–1973.
  Intimacies / Pablo Neruda ; translated from Spanish by Alastair Reid ; paintings by Mary Heebner = Intimismos / Pablo Neruda ; traducción del español por Alastair Reid ; pinturas por Mary Heebner.—1st ed.
    p. cm.
    ISBN: 978-0-06-149216-7
    I. Reid, Alastair, 1926- II. Title. III. Title: Intimismos.
    PQ8097.N4A6 2008
    861'.64—dc22   2008008819

08   09   10   11   12   ID/RRD   10   9   8   7   6   5   4   3   2   1

Gracias a mi gran amiga y agente, WENDY BURTON BROUWS por susurrarme al oído, a RENÉ ALEGRÍA por decir que sí y a PATRICIA CEPEDA por darle a este libro su bendición de madrina.

ALASTAIR REID, el segundo escocés que más quiero, quien le dio nombre a este libro. Tus traducciones siempre capturan el esplendor y la musicalidad de las palabras.

MACDUFF, de todas maneras este amor . . . *vamos a vivirlo con ganas.*

Thanks to my dear friend and agent, WENDY BURTON BROUWS, for whispering in my ear, to RENÉ ALEGRÍA for saying yes, and to PATRICIA CEPEDA for giving this book her madrina's blessing.

To my second favorite Scotsman, ALASTAIR REID, who gave this book its name. Your translations always catch the dazzle and the music of words.

To MACDUFF, in all ways, this love . . . *We will live it out vividly.*

ÍNDICE

Nota de la artista   x

Nota del traductor   xii

Con ella   2

Deslumbra el día   6

¿Dónde estará la Guillermina?   12

Amores: La ciudad   18

Oda para planchar   22

Dulce siempre   26

Arte magnética   32

Caballos   36

De pronto una balada   42

El desnudo   46

Pleno octubre   50

Testamento de otoño:
FINALMENTE SE DIRIGE CON ARROBAMIENTO A SU AMADA   56

Pido silencio   66

Cuánto pasa en un día   72

Amor   78

CONTENTS

Artist's Note   xi

Translator's Note   xiii

With Her   3

Dazzle of Day   7

Where Can Guillermina Be?   13

Loves: The City   19

In Praise of Ironing   23

Sweetness, Always   27

Ars Magnetica   33

Horses   37

Suddenly: A Ballad   43

Naked   47

October Fullness   51

Autumn Testament:
AT LAST HE TURNS IN ECSTASY TO HIS LOVE   57

I Ask for Silence   67

So Much Happens in a Day   73

Love   79

NOTA DE LA ARTÍSTA

Cuando era joven recuerdo que me sentaba en las escaleras de nuestra casa en Tenafly, New Jersey a mirar unas acuarelas de mujeres desnudas pintadas por Auguste Rodin. Cuando nos mudamos a California, las pinturas me seguían absorbiendo. Mirarlas para mi era como entrar en el estado más cercano al ensueño en el que se pueda encontrar un niño. Meditaba.

Las imágenes de la infancia se inscriben profundamente en nuestra consciencia. Aquellas memorias tempranas son fundamentales para cualquier artista. De la memoria nace todo aquello que moldea la mente y da forma al arte. Los griegos representaron esto en su mito de las nueve musas, la progenie de Mnemósine, la diosa de la memoria de Zeus el dios de los cielos.

Muchos años después tuve el placer de vivir con esas acuarelas de Rodin durante un tiempo cuando mi padre las trajo a mi estudio para enmarcarlas. Le pregunté a mi padre, que era músico y productor, por qué había elegido esas acuarelas en particular. "No sé mucho de arte", me respondió, "pero esas eran las más bonitas; tenían ritmo". Era como si un eslabón perdido hubiese entrado en la habitación, la visita de una musa.

Me di cuenta que todo mi arte, sin importar lo abstracto que fuera, le debía algo a aquellas acuarelas, a aquel ritmo que se había arraigado en mi memoria. Su presencia en mi estudio me inspiró a pintar una serie de desnudos hechos con acuarela, pigmento de cobre y grafito sobre un papel frágil, hecho a mano. Las pinturas expresaban la figura humana en movimiento; tan elusiva como el agua, pero escultural. Bauticé la serie con el nombre de Musa.

Tiempo después apareé la serie de acuarelas con una selección de poemas de Pablo Neruda, traducidos por Alastair Reid, que me hablaban de amor. No sólo de deseo, y de amor apasionado y furtivo, sino de amor duradero: desnudo, expuesto, vulnerable y receptivo a lo que la vida tiene por ofrecer. Estos poemas tardíos de Neruda sobre el amor me tocaron profundamente, con júbilo.

De alguna manera, todos los poemas de Neruda son poemas de amor. Era un hombre que amaba estar vivo, y que grababa sus momentos de felicidad y tristeza, de belleza y de desesperación, es decir, el amor en todas sus manifestaciones. Para él, el amor es la chispa esencial de la vida. En pocas palabras, la intimidad.

Mary Heebner
SANTA BARBARA, CALÍFORNÍA

When I was a young girl I remember sitting on the stairs of our home in Tenafly, New Jersey, looking up at three watercolors of female nudes by Auguste Rodin. When we moved back to California, the paintings continued to draw me in. To look at them was to enter a state as near to reverie as a child can get—I was musing.

Images from childhood are deeply embedded. These early memories form the bedrock for any artist. Whatever shapes the mind, whatever gives form to art, is born from memory. The Greeks embodied this in their myths of the nine Muses: the progeny of Mnemosyne, goddess of Memory; and Zeus, god of the heavens.

Many years later, I had the pleasure of living with those Rodins for a time when my father brought them to my studio to be reframed. I asked my father, who was a musician and recording producer, why he had chosen those particular watercolors. "I don't know much about art," he replied, "but they were the most beautiful—they had rhythm." It was as if a missing link had entered the room, a visit from a Muse.

I realized that all my artwork, no matter how abstract, owed a debt to these watercolors, to their rhythm that had taken root in my memory. Their presence in my studio inspired me to make a series of nudes using watercolor, powdered copper pigment, and graphite on fragile, handmade paper. The paintings expressed human form in motion—elusive as water, yet sculptural. I called the series Muse.

I later paired this series of paintings with a selection of Pablo Neruda's poems, translated by Alastair Reid, which spoke to me of love. Not just desire, not just fleeting, passionate love, but lasting love—naked, exposed, vulnerable, and receptive to what life offers. These later love poems of Neruda's touched me deeply, joyfully.

In a way, all of Neruda's poems are love poems. He loved being alive and recorded his moments of joy and sorrow, beauty and despair, love in its many manifestations. To him love is an essential life-giving spark. In a word, intimacy.

Mary Heebner
SANTA BARBARA, CALİFORNİA

NOTA DEL TRADUCTOR

Los poemas de esta pequeña colección fueron escritos por Pablo Neruda en su casa de Isla Negra en la costa Pacífica de Chile. Neruda se había retirado de una vida pública agitada como cónsul y diplomático, en el lejano Oriente y en España, como senador comunista electo al congreso de Chile, y como la voz de protesta que lo llevó a esconderse y luego exiliarse. Sin embargo, nunca, en todo ese tiempo, dejó de escribir poesía, una poesía que cambiaba constantemente—poemas de amor, celebraciones, denuncias salvajes, evocaciones del pasado perdido de Latinoamérica, siempre en la voz inigualable de Neruda: directa, clara, palabras que cobran vida.

Cuando se instaló en Isla Negra con su nueva esposa Matilde Urrutia, su poesía volvió a cambiar. Comenzó a escribir una serie de poemas muy personales —calurosos, divertidos, inquisitivos, reflexivos— de los cuales Mary Heebner eligió esta selección. Neruda transformó su casa de Isla Negra en un refugio, un teatro propio, y agrandó su biblioteca para albergar sus libros y sus diversas colecciones de mascarones de proa, barcos en botellas, instrumentos náuticos, conchas, sombreros y herramientas. Era como si los objetos de su casa fueran el vocabulario de sus poemas y la eterna resonancia del mar una metáfora.

Neruda era, en todo sentido, un materialista, un ser físico intocado por la religión, impresionado desde una temprana edad por la abundancia del mundo natural, las injusticias del mundo humano, el caleidoscopio de los sentimientos humanos y lo asombroso del lenguaje.

En su ensayo *Sobre una poesía sin puerzas,* escribe: "Las superficies usadas, el gasto que las manos han infligido a las cosas... La confusa impureza de los seres humanos se percibe en ellos, la agrupación, uso y desuso de los materiales, las huellas del pie y de los dedos, la constancia de una atmósfera humana inundando las cosas desde lo interno y lo externo". Le gustaba decir, en aquel tono de voz oracular que tenía: "¡Los objetos inanimados no existen!" Y pareciera, en efecto, que compartiera una intimidad con todos los mundos, el mineral, el vegetal, el animal y el humano. Decía de sí mismo que era un poeta del amor pero no sólo del amor humano, sino de la intimidad que parecía sentir con la vida secreta de los objetos. Una vez declaró, después de haber visitado Macchu Picchu que como poeta deseaba ser "una voz para todas aquellas personas y cosas que no tienen voz". Esa voz y esas intimidades son las que se encuentran presentes en estas páginas.

Alastair Reid

TRANSLATOR'S NOTE

The poems in this small collection were all written by Pablo Neruda at his house in Isla Negra, on the Pacific coast of Chile. He had withdrawn from a crowded public life, as consul and diplomat, in the Far East and in Spain, as elected Communist Senator in the Chilean Congress, as an indignant voice of protest that drove him into hiding and, later, exile; yet, he never stopped writing poetry in all that time, a poetry that kept changing—love poems, celebrations, savage denunciations, evocations of the lost past of Latin America, always in Neruda's unmistakable voice: direct, clear, words given flesh.

When he settled in Isla Negra, with his new wife, Matilde Urrutia, his poetry changed again. He began to write a series of extremely personal poems—warm, humorous, self-questioning, reflective— poems from which Mary Heebner made this selection. Neruda made his house in Isla Negra into a refuge, a private theater of his own, building on extensions for his library and for his various collections—of ships' figureheads, ships-in-bottles, nautical instruments, shells, hats, tools. It was as if the objects in the house were the vocabulary of his poems, the endless sounding of the Pacific a continuous metaphor.

Neruda was, in every sense, a materialist, a physical being, untouched by religion, awestruck from an early age by the abundance of the natural world, the injustices of the human world, the kaleidoscope of human feelings, and the astonishments of language.

In his essay *On Impure Poetry*, he writes, "Worn surfaces, the marks hands have left on things . . . The flawed confusion of human beings shows in them, the proliferation of materials used and discarded, the prints of feet and fingers, the permanent mark of humanity on the inside and outside of all objects." He was fond of saying, in that oracular voice of his, "There is no such thing as an inanimate object!"— and indeed, he seemed to enjoy an intimacy with all worlds, mineral, vegetable, animal, human. He was a self-declared love-poet, not only of human love, but of an intimacy he seemed to feel with the secret lives of objects. He once declared, after visiting Machu Picchu, that as a poet, he wished "to be a voice, for all people and things that have no voice." That voice and these intimacies are everywhere present in these pages.

Alastair Reid

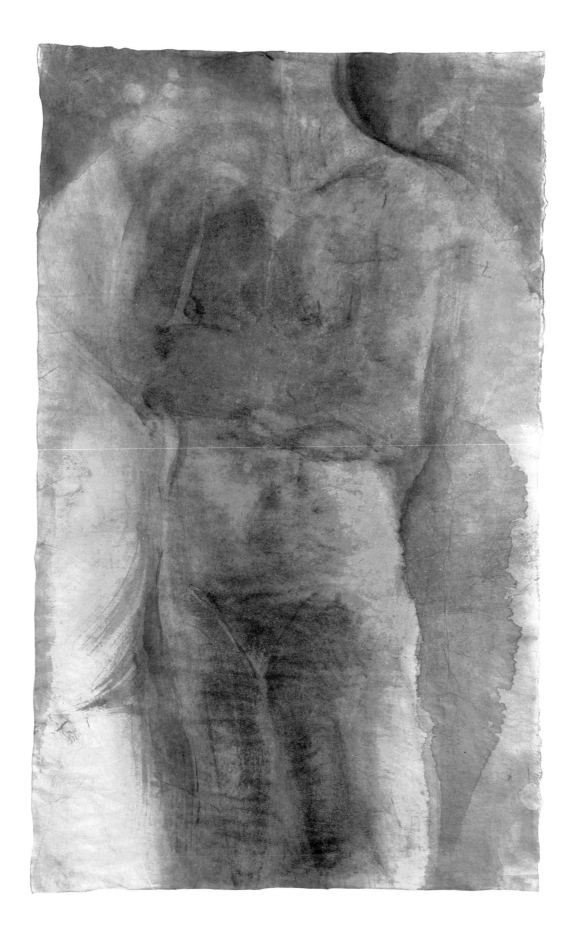

Con ella   With Her

Con ella

Como es duro este tiempo, espérame:
vamos a vivirlo con ganas.
Dame tu pequeña mano:
vamos a subir y sufrir,
vamos a sentir y saltar.

Somos de nuevo la pareja
que vivió en lugares hirsutos,
en nidos ásperos de roca.
Como es largo este tiempo, espérame
con una cesta, con tu pala,
con tus zapatos y tu ropa.

Ahora nos necesitamos
no sólo para los claveles,
no sólo para buscar miel:
necesitamos nuestras manos
para lavar y hacer el fuego,
y que se atreva el tiempo duro
a desafiar el infinito
de cuatro manos y cuatro ojos.

With Her

This time is difficult. Wait for me.
We will live it out vividly.
Give me your small hand:
we will rise and suffer,
we will feel, we will fly.

We are once more the pair
who lived in barbed places,
in harsh nests in the rock.
This time is difficult. Wait for me
with a basket, with your clothes,
with your shoes and a shovel.

Now we need each other,
not only for the carnations' sake,
not only to harvest honey—
we need our hands
to wash with, to make fire.
So in this difficult time
let us face up to infinity
with four hands and four eyes.

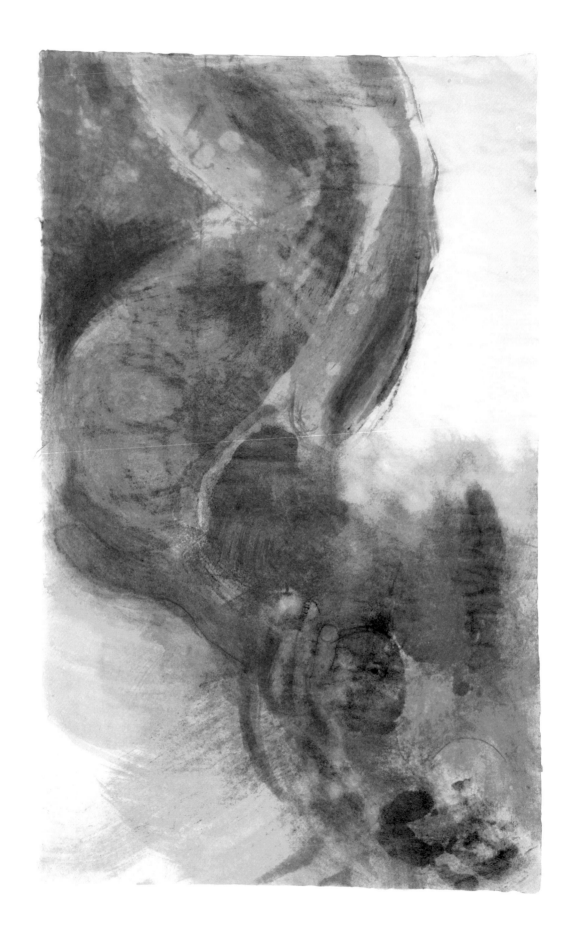

Deslumbra el día   Dazzle of Day

Deslumbra el día

Nada para los ojos del invierno,
ni una lágrima más,
hora por hora se arma verde
la estación esencial, hoja por hoja,
hasta que con su nombre nos llamaron
para participar de la alegría.

Qué bueno es el eterno para todos,
el aire limpio, la promesa flor:
la luna llena deja
su carta en el follaje:
hombre y mujer vuelven del mar
con un cesto mojado
de plata en movimiento.

Como amor o medalla
yo recibo,
recibo
del sur, del norte, del violín,
del perro,
del limón, de la greda,
del aire recién puesto en libertad,
recibo máquinas de aroma oscuro,
mercaderías color de tormenta,
todo lo necesario:
azahares, cordeles,
uvas como topacios,
olor de ola:
yo acumulo
sin tregua,
sin trabajo,
respiro

Dazzle of Day

Enough now of the wet eyes of winter.
Not another single tear.
Hour by hour now, green is beginning,
the essential season, leaf by leaf,
until, in spring's name, we are summoned
to take part in its joy.

How wonderful, its eternal openness,
clean air, the promise of flower,
the full moon leaving
its calling card in the foliage,
men and women trailing from the beach
with a wet basket
of shifting silver.

Like love, like a medal,
I welcome it,
I take it all in
from south, from north, from violins,
from dogs,
lemons, clay,
from newly liberated air,
machines smelling of mystery,
storm-colored shopping,
everything I need:
orange blossoms, string,
grapes like topazes,
the whiff of waves.
I gather it up
endlessly,
effortlessly,
I breathe.

seco al viento mi traje,
mi corazón desnudo,
y cae,
cae el cielo:
en una copa
bebo
la alegría.

I dry my shirt in the wind,
and my opened heart.
The sky falls
and falls.
From my glass,
I drink
pure joy.

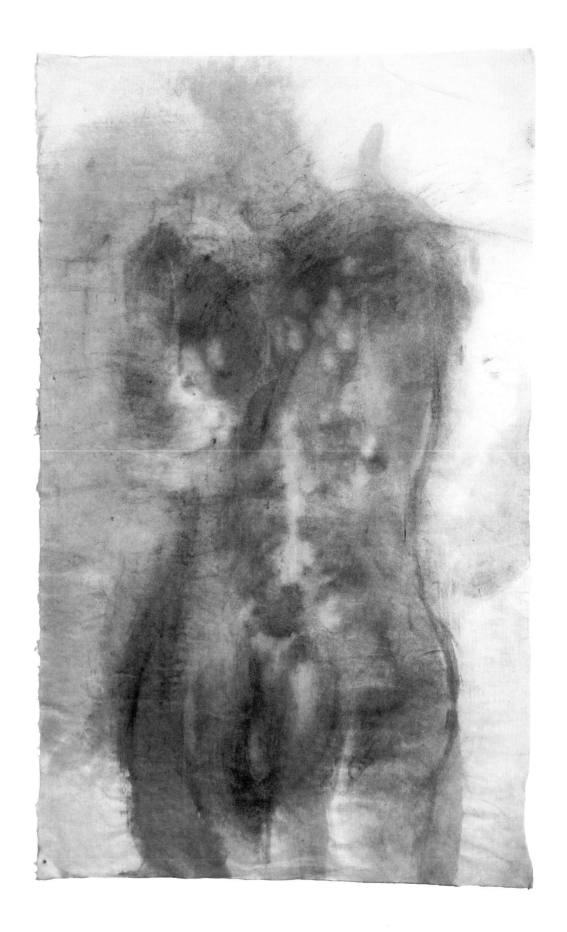

¿Dónde estará
la Guillermina?

Where Can
Guillermina Be?

¿Dónde estará la Guillermina?

Dónde estará la Guillermina?

Cuando mi hermana la invitó
y yo salí a abrirle la puerta,
entró el sol, entraron estrellas,
entraron dos trenzas de trigo
y dos ojos interminables.

Yo tenía catorce años
y era orgullosamente oscuro,
delgado, ceñido y fruncido,
funereal y ceremonioso:
yo vivía con las arañas,
humedecido por el bosque,
me conocían los coleópteros
y las abejas tricolores,
yo dormía con las perdices
sumergido bajo la menta.

Entonces entró la Guillermina
con dos relámpagos azules
que me atravesaron el pelo
y me clavaron como espadas
contra los muros del invierno.
Esto sucedió en Temuco.
Allá en el Sur, en la frontera.

Han pasado lentos los años
pisando como paquidermos,
ladrando como zorros locos,
han pasado impuros los años
crecientes, raídos, mortuorios,
y yo anduve de nube en nube,

Where Can Guillermina Be?

Where can Guillermina be?

When my sister invited her
and I went out to open the door,
the sun came in, the stars came in,
two tresses of wheat came in
and two inexhaustible eyes.

I was fourteen years old,
brooding, and proud of it,
slim, lithe and frowning,
funereal and formal.
I lived among the spiders,
dank from the forest,
the beetles knew me,
and the three-coloured bees.
I slept among partridges,
hidden under the mint.

Then in came Guillermina
with her blue lightning eyes
that swept across my hair
and pinned me like swords
against the walls of winter.
That happened in Temuco,
down there, in the South, on the frontier.

The years have passed slowly,
pacing like pachyderms,
barking like crazy foxes.
The soiled years have passed,
waxing, worn, funereal,
and I walked from cloud to cloud,

de tierra en tierra, de ojo en ojo,
mientras la lluvia en la frontera caía,
con mismo traje.

Mi corazón ha caminado
con intransferibles zapatos,
y he digerido las espinas:
no tuve tregua donde estuve:
donde yo pegué me pegaron,
donde me mataron caí
y resucité con frescura,
y luego y luego y luego y luego,
es tan largo contar las cosas.

No tengo nada que añadir.

Vine a vivir en este mundo.

¿Dónde estará la Guillermina?

from land to land, from eye to eye,
while the rain on the frontier
fell in its same gray cloak.

My heart has traveled
in the same pair of shoes,
and I have survived the thorns.
I had no rest where I was:
where I hit out, I was struck,
where they murdered I fell;
and I revived, as fresh as ever,
and then and then and then and then—
it all takes so long to tell.

I have nothing to add.

I came to live in this world.

Where can Guillermina be?

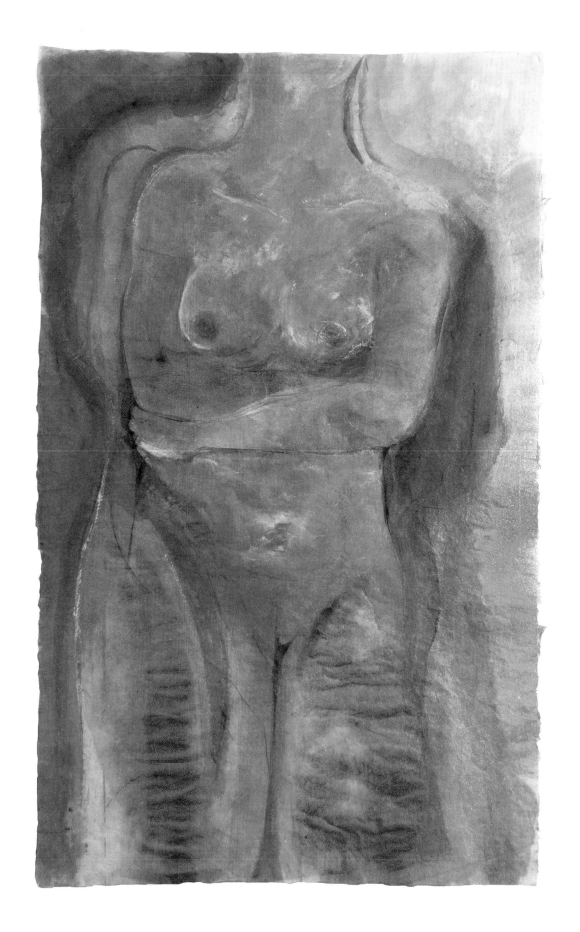

Amores: La ciudad . Loves: The City

Amores: La ciudad

Estudiantil amor con mes de octubre,
con cerezos en pobres calles
y tranvías triando en las esquinas,
muchachas como el agua, cuerpos
en la greda de Chile, barro y nieve,
y luz y noche negra, reunidos,
madreselvas caídas en el lecho
con Rosa o Lina o Carmen ya desnudas,
despojadas tal vez de su misterio
o misteriosas al rodar
en el abrazo o espiral o torre
o cataclismo de jazmín y bocas:
fue ayer o fue mañana, dónde huyó
la fugaz primavera? O ritmo
de la eléctrica cintura,
oh latigazo claro de la esperma
saliendo de su túnel a la especie
y la vencida tarde con un nardo
a medio sueño y entre los papeles
mis líneas, allí escritas,
con el puro fermento, con la ola,
con la paloma, y con la cabellera.
Amores de una vez, rápidos
y sedientos, llave a llave,
y aquel orgullo de ser compartidos!
Pienso que se fundó mi poesía
no solo en soledad sino en un cuerpo
y en otro cuerpo, a plena piel de luna
y con todos los besos de la tierra.

Loves: The City

Student love igniting with October,
with cherry trees on fire in the poor streets
and the trams screeching round the corners,
girls like water, bodies
in the raw earth of Chile, mud and snow,
and light and the black night, reunited,
honeysuckle tumbled on the bed
with Rosa or Lina or Carmen naked there,
stripped, perhaps, of their mysteries,
or else mysterious as they tangled
in the embrace, spiral or tower,
or the storm of mouths and jasmine.
Did it turn into yesterday or tomorrow,
that fleeting spring? Oh, the rhythm
of that electric waist,
the clear spasm of sperm bursting from its tunnel,
and the spent afternoon with a lily
in half sleep, and among the papers,
my lines, written down,
in a pure ferment, in a wave,
a dove, a fall of hair.
Passing loves, quick
and thirsty, a fitting of keys,
and that flush of something shared!
I think now that my poetry began
not in solitude but in a body,
another's body, in a skin of moonlight,
in the abundant kisses of the earth.

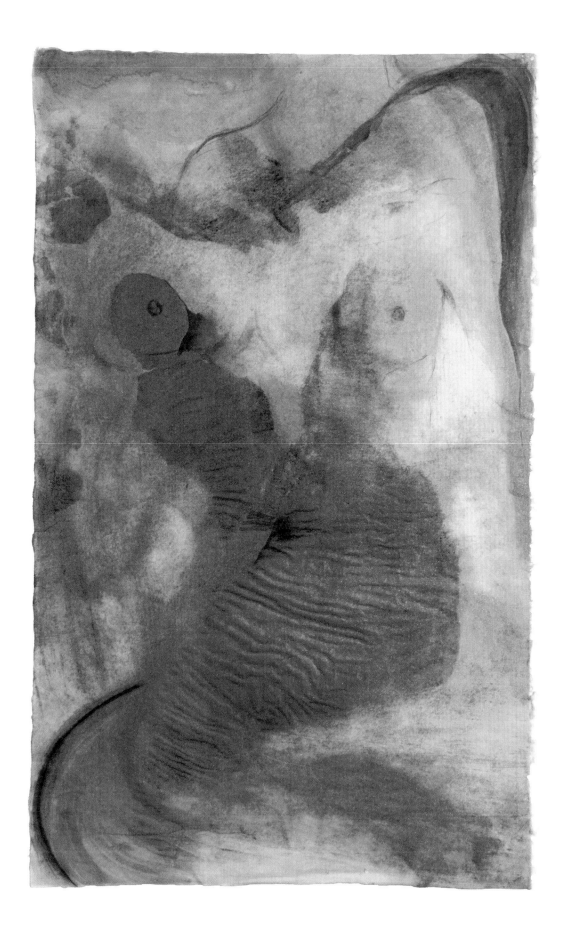

Oda para planchar   In Praise of Ironing

Oda para planchar

La poesía es blanca:
sale del agua envuelta en gotas,
se arruga y se amontona,
hay que extender la piel de este planeta,
hay que planchar el mar de su blancura
y van y van las manos,
se alisan las sagradas superficies
y así se hacen las cosas:
las manos hacen cada día el mundo,
se une el fuego al acero,
llegan el lino, el lienzo y el tocuyo
del combate de las lavanderías
y nace de la luz una paloma:
la castidad regresa de la espuma.

In Praise of Ironing

Poetry is pure white.
It emerges from water covered with drops,
is wrinkled, all in a heap.
It has to be spread out, the skin of this planet,
has to be ironed out, the whiteness from the sea;
and the hands keep moving, moving,
the holy surfaces are smoothed out,
and that is how things get done.
Every day, hands are creating the world,
fire marries steel,
and canvas, linen, and cotton come back
from the skirmishings of the laundries,
and out of light a dove is born—
innocence recovered from the foam.

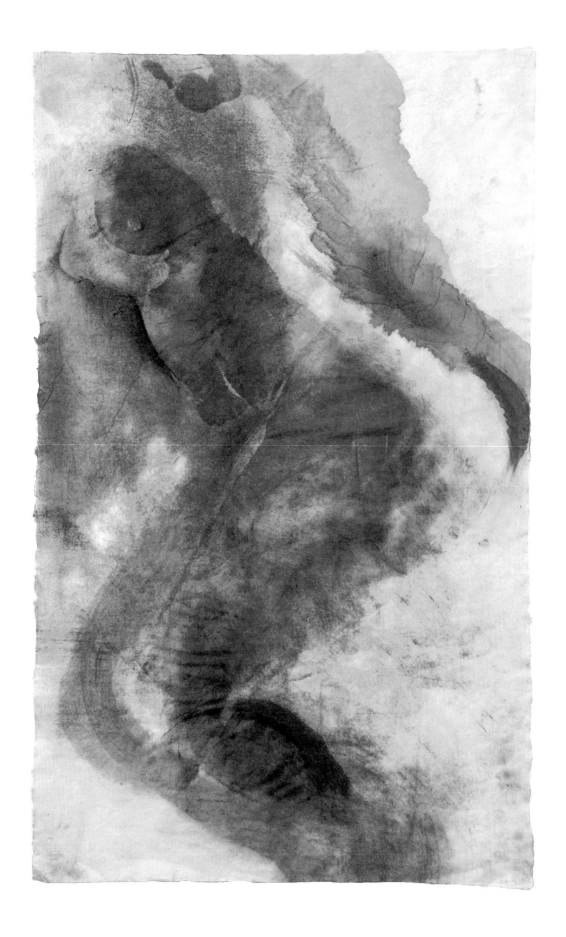

Dulce siempre   Sweetness, Always

Dulce siempre

Por qué esas materias tan duras?
Por qué para escribir las cosas
y los hombres de cada día
se visiten los versos con oro,
con Antigua piedra espantosa?

Quiero versos de tela o pluma
que apenas pesan, versos tibios
con la intimidad de las camas
donde la gente amó y soñó.
Quiero poemas mancillados
por las manos y el cada día.

Versos de hojaldre que derritan
leche y azúcar en la boca,
el aire y el agua se beben,
el amor se muerde y se besa,
quiero sonetos comestibles,
poemas de miel y de harina.

La vanidad anda pidiéndonos
que nos elevemos al cielo
o que hagamos profundos túneles
inútiles bajo la tierra.
Y así olvidamos menesteres
deliciosamente amorosos,
se nos olvidan los pasteles,
no damos de comer al mundo.

En Madrás hace un tiempo largo
vi una pirámide azucarada,
una torre de dulcería.
Cada unidad sobre otra y otra
y en la arquitectura, rubíes,

Sweetness, Always

Why such harsh machinery?
Why, to write down the happenings
and people of every day,
must poems be dressed up in gold,
in old and grim stone?

I prefer verses of felt or feather
which scarcely weigh, soft verses
with the intimacy of beds
where people have loved and dreamed.
I prefer poems stained
by hands and everydayness.

Verses of pastry that melt
into milk and sugar in the mouth,
air and water to drink,
the bites and kisses of love.
I long for eatable sonnets,
poems of flour and honey.

Vanity keeps nudging us
to lift ourselves skyward
or to make deep and useless
tunnels underground.
So we forget the joyous
love-needs of our bodies.
We forget about pastries.
We are not feeding the world.

In Madras a long time since,
I saw a sugary pyramid,
a tower of confectionery—
one level after another,
and in the construction, rubies,

y otras delicias sonrosadas,
medioevales y amarillas.

Alguien se ensució las manos
amasando tanta dulzura.
Hermanos poetas de aquí,
de allá, de la tierra y del cielo,
de Medellín, de Veracruz,
de Abisinia, de Antofagasta,
con qué se hicieron los panales?

Dejémonos de tanta piedra!

Que tu poesía desborde
la equinoccial pastelería
que quieren devorar nuestras bocas,
todas las bocas de los niños
y todos los pobres adultos.
No sigan solos sin mirar
sin apetecer ni entender
tantos corazones de azúcar.

No tengan miedo a la dulzura.

Sin nosotros o con nosotros
lo dulce seguirá viviendo
y es infinitamente vivo,
eternamente redivivo,
porque en plena boca del hombre
para cantar o para comer
está situada la dulzura.

and other blushing delights,
medieval and yellow.

Someone soiled his hands
to cook up so much sweetness.
Brother poets from here
and there, from earth and sky,
from Medellín, from Veracruz,
Abyssinia, Antofagasta,
do you know how to make a honeycomb?

Let's forget about all that stone.

Let your poetry fill up
the equinoctial pastry shop
our mouths long to devour—
the mouths of all the children
and the poor adults also.
Don't go on without seeing,
relishing, understanding
so many hearts of sugar.

Don't be afraid of sweetness.

With us or without us,
sweetness will go on living
and is infinitely alive,
and forever being revived,
for it's in the mouth,
whether singing or eating,
that sweetness belongs.

Arte magnética   Ars Magnetica

Arte magnética

De tanto amar y andar salen los libros.
Y si no tienen besos o regiones
y si no tienen hombre a manos llenas,
si no tienen mujer en cada gota,
hambre, deseo, cólera, caminos,
no sirven para escudo ni campana:
están sin ojos, y no podrán abrirlos,
tendrán la boca muerta del precepto.

Amé las genitales enramadas
y entre sangre y amor, cavé mis versos,
en tierra dura establecí una rosa
disputada entre el fuego y el rocío.

Por eso pude caminar cantando.

Ars Magnetica

From so much loving and journeying, books emerge.
And if they don't contain kisses or landscapes,
if they don't contain a man with his hands full,
if they don't contain a woman in every drop,
hunger, desire, anger, roads,
they are no use as a shield or as a bell:
they have no eyes, and won't be able to open them,
they have the dead sound of precepts.

I loved the entanglings of genitals,
and out of blood and love I carved my poems.
In hard earth I brought a rose to flower,
fought over by fire and dew.

That's how I could keep on singing.

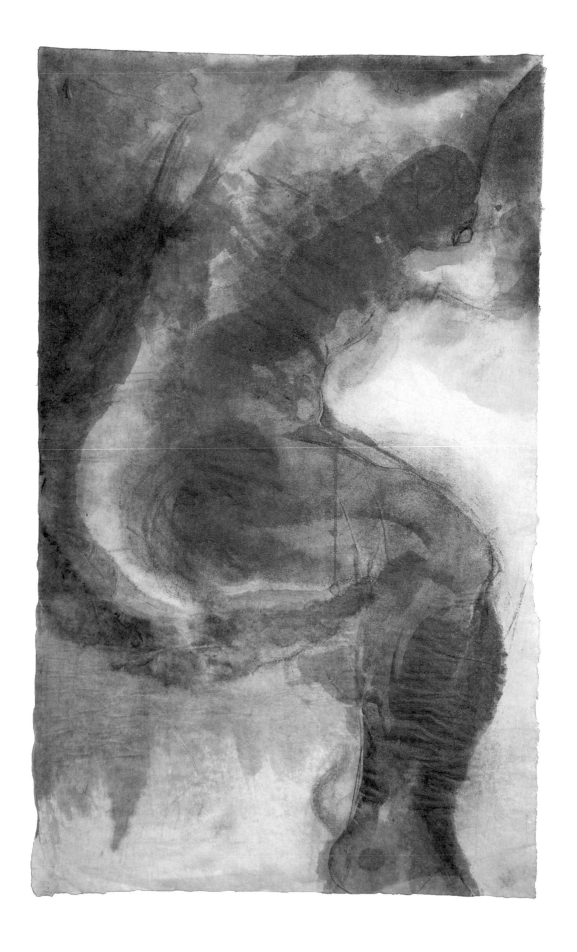

Caballos   Horses

Caballos

Vi desde la ventana los caballos.

Fue en Berlín, en invierno. La luz
era sin luz, sin cielo el cielo.

El aire blanco como un pan mojado.

Y desde mi ventana un solitario circo
mordido por los dientes del invierno.

De pronto, conducidos por un hombre,
diez caballos salieron a la niebla.

Apenas ondularon a salir, como el fuego,
pero para mis ojos ocuparon el mundo
vacío hasta esa hora. Perfectos, encendidos,
eran como diez dioses de largas patas puras,
de crines parecidas al sueño de la sal.

Sus grupas eran mundos y naranjas.

Su color era de miel, ámbar, incendio.

Sus cuellos eran torres
cortadas en la piedra del orgullo,
y a los ojos furiosos se asomaba
como una prisionera, la energía.

Y allí en silencio, en medio
del día, del invierno sucio y desordenado,
los caballos intensos eran la sangre,
el ritmo, el incitante tesoro de la vida.

Horses

From the window I saw the horses.

I was in Berlin, in winter. The light
was without light, the sky skyless.

The air white like a moistened loaf.

From my window, I could see a deserted arena,
a circle bitten out by the teeth of winter.

All at once, led out by a single man,
ten horses were stepping, stepping into the mist.

Scarcely had they rippled into existence
like flame, than they filled the whole world of my eyes,
empty till now. Faultless, flaming,
they stepped like ten gods on broad, clean hoofs,
their manes recalling a dream of salt spray.

Their rumps were globes, were oranges.

Their color was amber and honey, fire itself.

Their necks were towers
carved from the stone of pride,
and in their furious eyes, sheer energy
showed itself, a prisoner inside them.

And there, in the silence, at the mid-
point of the day, in a dirty, shabby winter,
the horses' intense presence was blood,
was rhythm, was the beckoning of treasure.

Miré, miré y entonces reviví: sin saberlo
allí estaba la fuente, la danza de oro, el cielo,
el fuego que vivía en la belleza.

He olvidado el invierno de aquel Berlín oscuro.

No olvidaré la luz de los caballos.

I saw, I saw, and seeing, I came back to life.
There was the fountain, the dance of gold, the sky,
the fire that lives in beautiful things.

I have obliterated that gloomy Berlin winter.

I will not forget the light from these horses.

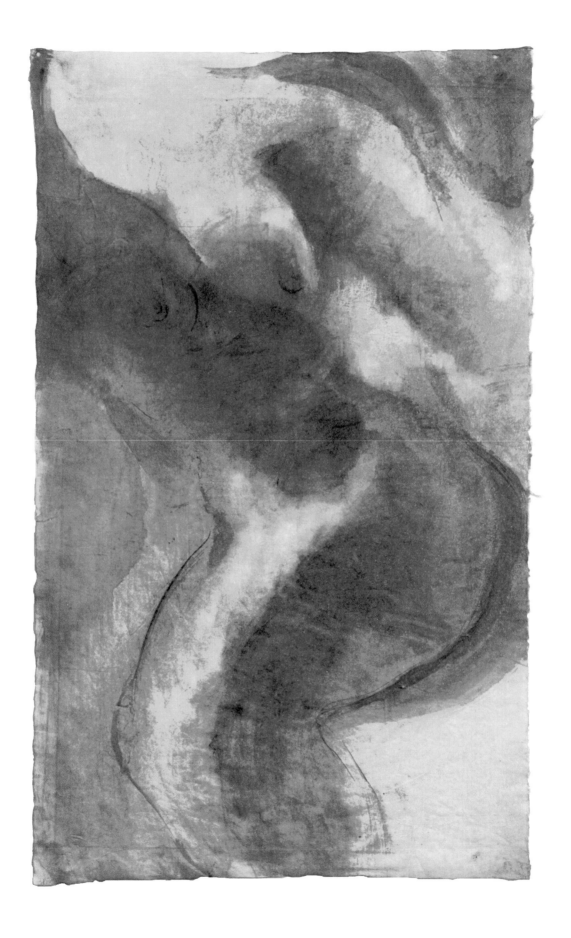

De pronto una balada   Suddenly: A Ballad

De pronto una balada

Será verdad que otra vez ha golpeado
como aroma o temor, como golpeado
que no conoce bien calle ni casa.
Será verdad, y luego aún
la vida manifiesta una ruptura,
algo nace en el fondo de lo que era
ceniza
y el vaso tiembla con el nuevo vino
que cae y lo enciende. Ay! será aquello
igual que ayer, camino sin señales,
y las estrellas arden con frescura
de jasmines entre tú y la noche,
ay! es algo que asume la alegría
atropelladamente rechazada
y que declara sin que nadie escuche
que no se rinde. Y sube una bandera
una vez más a las torres quemadas.
Oh amor, oh amor de pronto y de amenaza,
súbito, oscurecido, se estremece
la memoria y acude
el navío de plata,
el desembarcadero matutino:
niebla y espuma cubren las riberas,
cruza un grito especial hacia las islas
y en plena puerta herida del Océano
la novia con su cola de azucenas
lista para partir. Mira sus trenzas:
dos alas negras como golondrinas,
dos pesadas cadenas victoriosas.
Y ella como en la cita de esponsales
aguarda coronada por el mar
en el embarcadero imaginario.

Suddenly: A Ballad

It could be true that once again it has dawned
like an aroma, like dread, like a stranger
who is not sure of the street or the house.
It could be true, this late, and even later,
that life is splitting open,
something takes life in the depths of what was
ash,
and the glass trembles with new wine,
which falls and sets it on fire. Oh, that could be
the same as it was, a way without signposts,
and the stars burning with the freshness
of jasmines between you and the night—
something that restores joy,
brutally rejected,
and that declares, with no one to overhear,
that it will not wear out. A flag goes up
once again on the burned towers.
Love, love, sudden and threatening,
quick, confused—memory
shivers, and the silver ship
arrives,
the early-morning landing.
Snow and foam cover the banks,
a vast cry goes out toward the islands,
and through the wounded doorway to the ocean
comes my love, trailing lilies,
ready to depart. Look at her hair—
twin tumblings of pure coal,
black wings of swallows,
two heavy wreaths of triumph.
And she, as in the ceremony of betrothal,
waits, crowned by the sea,
in the imaginary harbor.

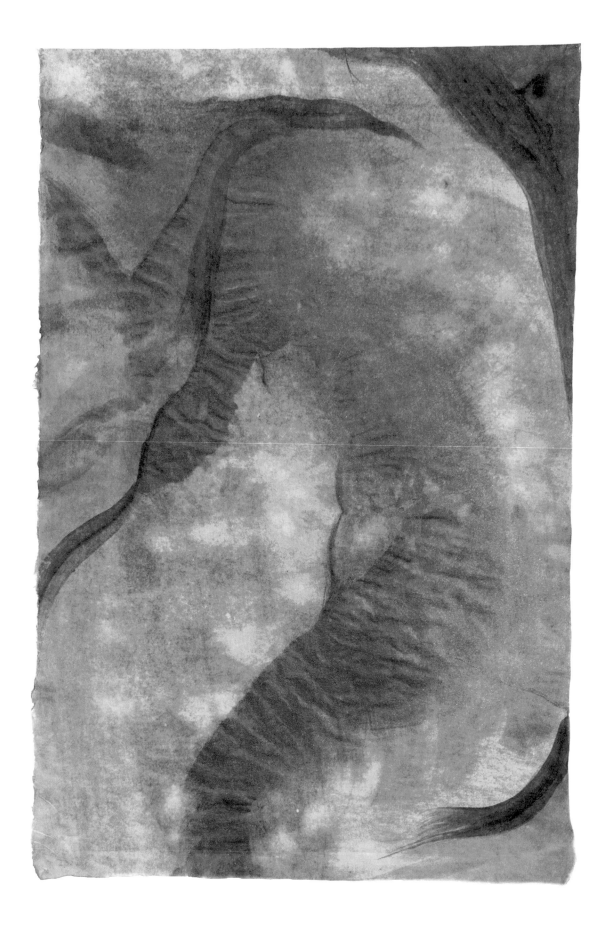

El desnudo   Naked

El desnudo

Esta raya es el Sur que corre,
este círculo es el Oeste,
las madejas las hizo el viento
con sus capítulos más claros
y es recto el mediodía como
un mástil que sostiene el cielo
mientras vuelan las líneas puras
de silencio en silencio hasta ser
las aves delgadas del aire,
las direcciones de la dicha.

Naked

This ray is the running South,
this circle is the West—
tangles the wind made
in its own handwriting,
and noon is tall and upright,
a mast supporting the sky,
while the clear lines shift
from silence to silence till they are
the slim birds of the air,
wherever our luck takes us.

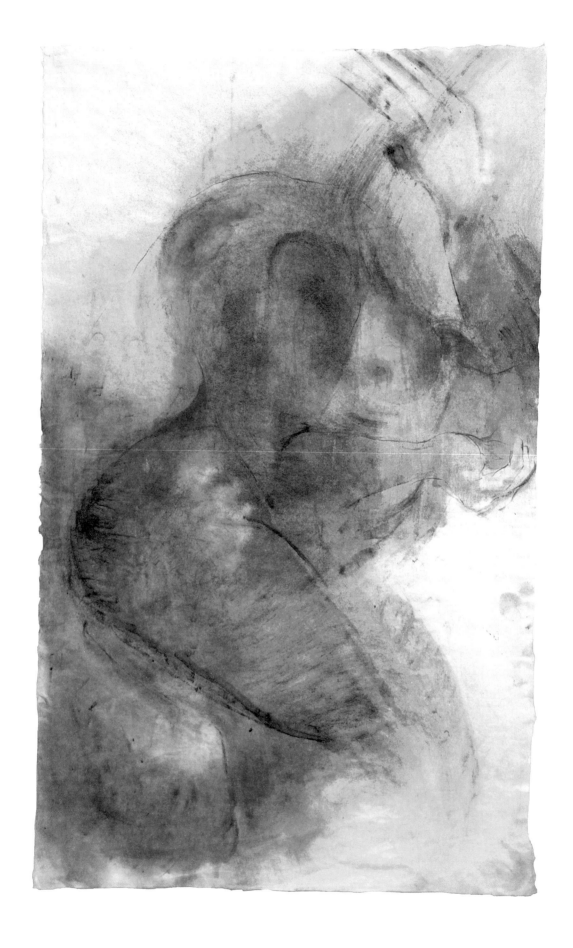

Pleno octubre   October Fullness

Pleno octubre

Poco a poco y también mucho a mucho
me sucedió la vida
y qué insignificante es este asunto:
estas venas llevaron
sangre mía que pocas veces vi,
respire el aire de tantas regiones
sin guardarme una muestra de ninguno
y a fin de cuentas ya lo saben todos:
nadie se lleva nada de su haber
y la vida fue un préstamo de huesos.
Lo bello fue aprender a no saciarse
de la tristeza ni de la alegría,
esperar el tal vez de una última gota,
pedir más a la miel y a las tinieblas.

Tal vez fui castigado:
tal vez fui condenado a ser feliz.
Quede constancia aquí de que ninguno
pasó cerca de mí sin compartirme.
Y que metí la cuchara hasta el codo
en una adversidad que no era mía,
en el padecimiento de los otros.
No se trató de palma o de partido
sino de poca cosa: no poder
vivir ni respirar con esa sombra,
con esa sombra de otros como torres,
como árboles amargos que lo entierran,
como golpes de piedra en las rodillas.

Tu propia herida se cura con llanto,
tu propia herida se cura con canto,
pero en tu misma puerta se desangra
la viuda, el indio, el pobre, el pescador,
y el hijo que no conoce
a su padre entre tantas quemaduras.

October Fullness

Little by little, and also in great leaps,
life happened to me,
and how insignificant this business is.
These veins carried
my blood, which I scarcely ever saw,
I breathed the air of so many places
without keeping a sample of any.
In the end, everyone is aware of this:
nobody keeps any of what he has,
and life is only a borrowing of bones.
The best thing was learning not to have too much
either of sorrow or of joy,
to hope for the chance of a last drop,
to ask more from honey and from twilight.

Perhaps it was my punishment.
Perhaps I was condemned to be happy.
Let it be known that nobody
crossed my path without sharing my being.
I plunged up to the neck
into adversities that were not mine,
into all the sufferings of others.
It wasn't a question of applause or profit.
Much less. It was not being able
to live or breathe in this shadow,
the shadow of others like towers,
like bitter trees that bury you,
like cobblestones on the knees.

Our own wounds heal with weeping,
our own wounds heal with singing,
but in our own doorway lie bleeding
widows, Indians, poor men, fishermen.
The child doesn't know his father
amidst all that suffering.

Muy bien, pero mi oficio
fue la plenitud del alma:
un ay del goce que te corta el aire,
un suspiro de planta derribada
o lo cuantitativo de la acción.

Me gustaba crecer con la mañana,
esponjarme en el sol, a plena dicha
el sol, de sal, de luz marina y ola,
y en ese desarrollo de la espuma
fundó mi corazón su movimiento:
crecer con el profundo paroxismo
y morir derramándose en la arena.

So be it, but my business
was the fullness of the spirit:
a cry of pleasure choking you,
a sigh from an uprooted plant,
the sum of all action.

It pleased me to grow with the morning,
to bathe in the sun, in the great joy
of sun, salt, sea-light and wave,
and in that unwinding of the foam
my heart began to move,
growing in that essential spasm,
and dying away as it seeped into the sand.

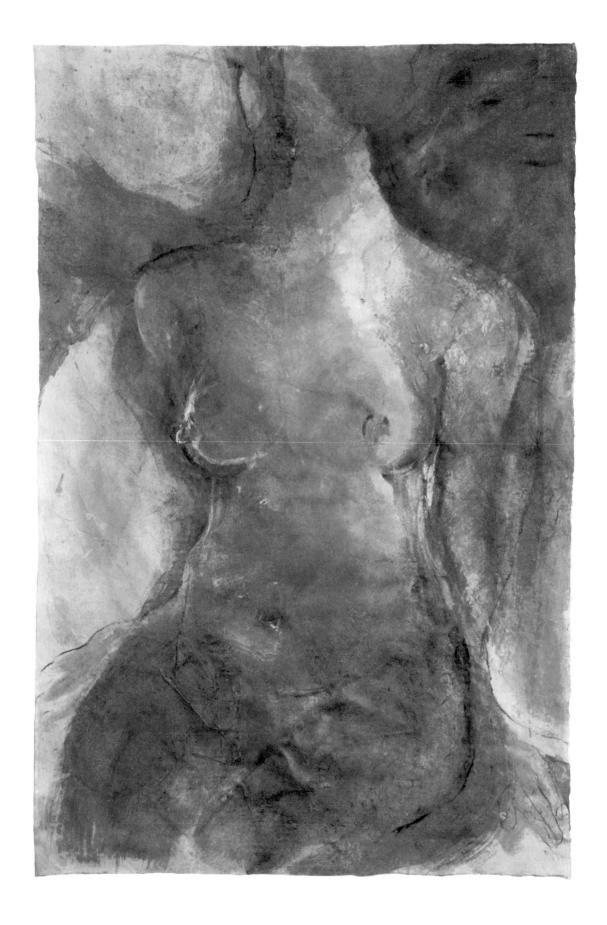

Testamento de otoño:

FINALMENTE SE DIRIGE CON ARROBAMIENTO A SU AMADA

Autumn Testament:

AT LAST HE TURNS IN ECSTASY TO HIS LOVE

Testamento de otoño:

FINALMENTE SE DIRIGE CON ARROBAMIENTO A SU AMADA

Matilde Urrutia, aquí te dejo
lo que tuve y lo que no tuve,
lo que soy y lo que no soy.
Mi amor es un niño que llora,
no quiere salir de tus brazos,
yo te lo dejo para siempre:
eres para mí la más bella.

Eres para mí la más bella,
la más tatuada por el viento,
como un arbolito del sur,
como un avellano en agosto,
eres para mí suculenta
como una panadería,
es de tierra tu corazón
pero tus manos son celestes.

Eres roja y eres picante,
eres blanca y eres salada
como escabeche de cebolla,
eres un piano que ríe
con todas las notas del alma
y sobre mí cae la música
de tus pestañas y tu pelo,
me baño en tu sombra de oro
y me deleitan tus orejas
como sí las hubiera visto
en las mareas de coral:
por tus uñas luché en las olas
contra pescados pavorosos.

Autumn Testament:

Matilde Urrutia, I'm leaving you here
all I had, all I didn't have,
all I am, all I am not.
My love is a child crying,
reluctant to leave your arms,
I leave it to you for ever —
you are my chosen one.

You are my chosen one,
tempered by the winds
like the small trees in the south,
like a hazel tree in August;
for me you are as delicious
as a great bakery.
You have an earthy heart
but your hands are from heaven.

You are red and spicy,
you are white and salty
like pickled onions,
you are a laughing piano
with every human note;
and music runs over me
from your eyelashes and your hair.
I wallow in your gold shadow,
I'm enchanted by your ears
as though I had seen them before
in underwater coral.
In the sea I fought, for your nails' sake,
with terrifying fish.

De Sur a Sur se abren tus ojos,
y de Este a Oeste tu sonrisa,
no se te pueden ver los pies,
y el sol se entretiene estrellando
el amanecer en tu pelo.
Tu cuerpo y tu rostro llegaron
como yo, de regiones duras,
de ceremonias lluviosas,
de antiguas tierras y martirios,
sigue cantando el Bío-Bío
en nuestra arcilla ensangrentada,
pero tú trajiste del bosque,
todos los secretos perfumes
y esa manera de lucir
un perfil de flecha perdida,
una medalla de guerrero.
Tú fuiste mi vencedora
por el amor y por la tierra,
porque tu boca me traía
antepasados manantiales,
citas en bosque de otra edad,
oscuros tambores mojados:
de pronto oí que me llamaban:
era de lejos y de cuando
me acerqué al antiguo follaje
y besé mi sangre en tu boca,
corazón mío, mi araucana.

Qué puedo dejarte si tienes,
Matilde Urrutia, en tu contacto
ese aroma de hojas quemadas,
esa fragancia de frutillas
y entre tus dos pechos marinos
el crepúsculo de Cauquenes
y el olor de peumo de Chile?

Your eyes widen from south to south,
your smile goes east and west;
your feet can hardly be seen,
and the sun takes pleasure
in dawning in your hair.
Your face and your body come
from hard places, as I do,
from rain-washed rituals,
ancient lands and martyrs.
The Bío-Bío still sings
in our bloodstained clay,
but you brought from the forest
every secret scent,
and the way your profile has of shining
like a lost arrow,
an old warrior's medal.
You overcame me
with love and origins,
because your mouth brought back
ancient beginnings,
forest meetings from another time,
dark ancestral drums.
I suddenly heard myself summoned—
it was far away, vague.
I moved close to ancient foliage,
I touched my blood in your mouth,
dear love my Araucana.

What can I leave you Matilde,
when you have at your touch
the aura of burning leaves,
that fragrance of strawberries,
and between your sea-breasts
the half-light of Cauquenes,
and the laurel-smell of Chile?

Es el alto otoño del mar
lleno de niebla y cavidades,
la tierra se extiende y respira,
se le caen al mes las hojas.
Y tú inclinada en mi trabajo
con tu pasión y tu paciencia
deletreando las patas verdes,
las telarañas, los insectos
de mi mortal caligrafía,
oh leona de pies pequeñitos,
qué haría sin tus manos breves?
dónde andaría caminando
sin corazón y sin objeto?
en qué lejanos autobuses,
enfermo de fuego o de nieve?

Te debo el otoño marino
con la humedad de las raíces,
y la niebla como una uva,
y el sol silvestre y elegante:
te debo este cajón callado
en que se pierden los dolores
y sólo suben a la frente
las corollas de la alegría.
Todo te lo debo a ti,
tórtola desencadenada,
mi codorniza copetona,
mi jilguero de las montañas,
mi campesina de Coihueco.

Alguna vez si ya no somos,
si ya no vamos ni venimos
bajo siete capas de polvo
y los pies secos de la muerte,
estaremos juntos, amor,

It is high autumn at sea,
full of mists and hidden places;
the land stretches and breathes,
leaves fall by the month.
And you, bent over my work,
with both passion and patience,
deciphering the green prints,
the spiderwebs, the insects
of my fateful handwriting.
Lioness on your little feet,
what would I do without the neat ways of your hands?
Where would I be wandering
with no heart, with no end?
On what faraway buses,
flushed with fire or snow?

I owe you the sea's autumn
with dankness at its roots
and fog like a grape
and the graceful sun of the country;
and the silent space
in which sorrows lose themselves
and only the bright crown
of joy comes to the surface.
I owe you it all,
my unchained dove,
my crested quail,
my mountain finch,
my peasant from Coihueco.

Sometime when we've stopped being,
stopped coming and going,
under seven blankets of dust
and the dry feet of death,
we'll be close again, love,

extrañamente confundidos.
Nuestras espinas diferentes,
nuestros ojos maleducados,
nuestros pies que no se encontraban
y nuestros besos indelebles,
todo estará por fin reunido,
pero de qué nos servirá
la unidad en un cementerio?
Que no nos separe la vida
y se vaya al diablo la muerte!

curious and puzzled.
Our different feathers,
our bumbling eyes,
our feet which didn't meet
and our printed kisses,
all will be back together,
but what good will it do us,
the closeness of a grave?
Let life not separate us;
let's forget about death.

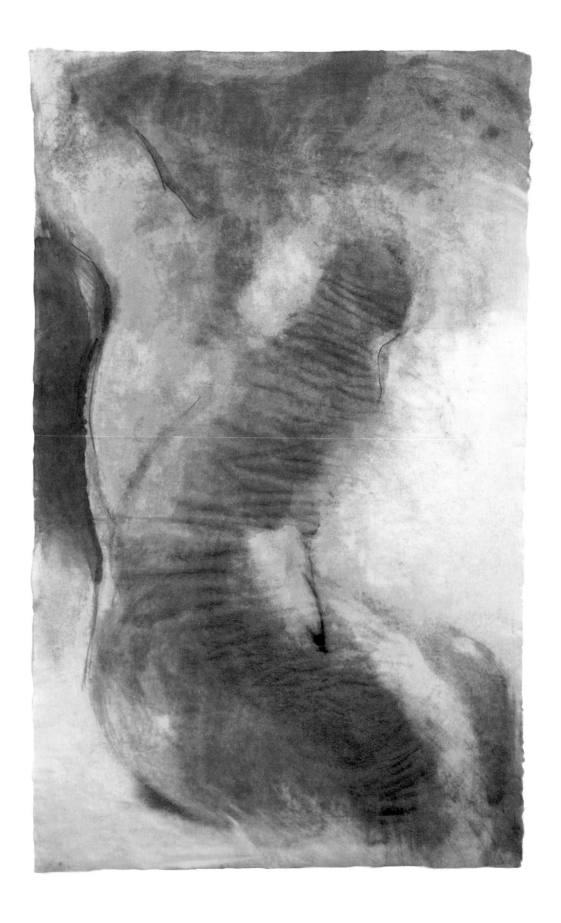

Pido silencio I Ask for Silence

Pido silencio

Ahora me dejen tranquilo.
Ahora se acostumbren sin mí.

Yo voy a cerrar los ojos.

Y solo quiero cinco cosas,
cinco raíces preferidas.

Una es el amor sin fin.

Lo segundo es ver el otoño.
No puedo ser sin que las hojas
vuelen y vuelvan a la tierra.

Lo tercero es el grave invierno,
la lluvia que amé, la caricia
del fuego en el frío silvestre.

En cuarto lugar el verano
redondo como una sandía.

La quinta cosa son tus ojos,
Matilde mía, bienamada,
no quiero dormir sin tus ojos,
no quiero ser sin que me mires:
yo cambio la primavera
por que tú me sigas mirando.

Amigos, eso es cuanto quiero.
Es casi nada y casi todo.

Ahora si quieren se vayan.

He vivido tanto que un día
tendrán que olvidarme por fuerza,

I Ask for Silence

Now they can leave me in peace,
and grow used to my absence.

I am going to close my eyes.

I want only five things,
five chosen roots.

One is an endless love.

Two is to see the autumn.
I cannot exist without leaves
flying and falling to earth.

The third is the solemn winter,
the rain I loved, the caress
of fire in the rough cold.

Fourth, the summer,
plump as a watermelon.

And fifthly, your eyes,
Matilde, my dear love,
I won't sleep without your eyes,
I won't exist without your gaze,
I adjust the spring
for you to follow me with your eyes.

That, friends, is all I want.
next to nothing, close to everything.

Now they can go if they wish.

I have lived so much that some day
they will have to forget me forcibly,

borrándome de la pizarra:
mi corazón fue interminable.

Pero porque pido silencio
no crean que voy a morirme:
me pasa todo lo contrario:
sucede que voy a vivirme.

Sucede que soy y que sigo.

No sera, pues, sino que adentro
de mí crecerán cereales,
primero los granos que rompen
la tierra para ver luz,
pero la madre tierra es oscura:
y dentro de mí soy oscuro:
soy como un pozo en cuyas aguas
la noche deja sus estrellas
y sigue sola por el campo.

Se trata de que tanto he vivido
que quiero vivir otro tanto.

Nunca me sentí tan sonoro,
nunca he tenido tantos besos.

Ahora, como siempre, es temprano.
Vuela la luz con sus abejas.

Déjenme solo con el día.
Pido permiso para nacer.

rubbing me off the blackboard.
My heart was inexhaustible.

But because I ask for silence,
don't think I'm going to die.
The opposite is true;
it happens I'm going to live.

To be, and to go on being.

I will not be, however, if inside me,
the crop does not keep sprouting,
the shoots first, breaking through the earth
to reach the light;
but the mothering earth is dark,
and, deep inside me, I am dark.
I am a well in the water of which
the night leaves stars behind
and goes on alone across fields.

It's a question of having lived so much
that I want to live a bit more.

I never felt my voice so clear,
never have been so rich in kisses.

Now, as always, it is early.
The light is a swarm of bees.

Let me alone with the day.
I ask leave to be born.

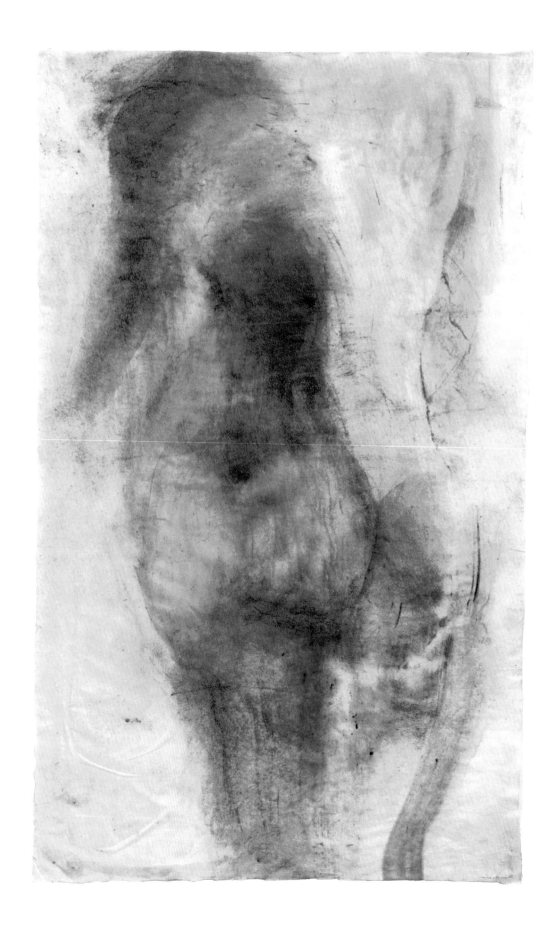

Cuánto pasa en
un día

So Much Happens
in a Day

Cuánto pasa en un día

Dentro de un día nos veremos.

Pero en un día crecen cosas,
se venden uvas en la calle,
cambia la piel de los tomates,
la muchacha que te gustaba
no volvió más a la oficina.

Cambiaron de pronto el cartero.
Las cartas ya no son las mismas.
Varias hojas de oro y es otro:
este árbol es ahora un rico.

Quién nos diría que la tierra
con su vieja piel cambia tanto?
Tiene más volcanes que ayer,
el cielo tiene nuevas nubes,
los ríos van de otra manera.
Además cuánto se construye!
Yo he inaugurado centenares
de carreteras, de edificios,
de puentes puros y delgados
como navíos o violines.

Por eso cuando te saludo
y beso tu boca florida
nuestros besos son otros besos
y nuestras bocas otras bocas.

Salud, amor, salud por todo
lo que cae y lo que florece.

Salud por ayer y por hoy,
por anteayer y por mañana.

So Much Happens in a Day

In the course of a day we shall meet one another.

But, in one day, things spring to life—
they sell grapes in the street,
tomatoes change their skin,
the young girl you wanted
never came back to the office.

They changed the postman suddenly.
The letters now are not the same.
A few golden leaves and it's different;
this tree is now well off.

Who would have said that the earth
with its ancient skin would change so much?
It has more volcanoes than yesterday,
the sky has brand-new clouds,
the rivers are flowing differently.
Besides, so much has come into being!
I have inaugurated hundreds
of highways and buildings,
delicate, clean bridges
like ships or violins.

And so, when I greet you
and kiss your mouth,
our kisses are other kisses,
our mouths are other mouths.

Rejoice my love, rejoice,
in what falls and what flourishes,

Joy in today and yesterday,
in the day before and tomorrow.

Salud por el pan y la piedra,
salud por el fuego y la lluvia.

Por lo que cambia, nace, crece,
se consume y vuelve a ser beso.

Salud por lo que tenemos de aire
y lo que tenemos de tierra.

Cuando se seca nuestra vida
nos quedan solo las raíces
y el viento es frío como el odio.

Entonces cambiamos de piel,
de uñas, de sangre, de mirada,
y tú me besas y yo salgo
a vender luz por los caminos.

Salud por la noche y el día
y las cuatro estaciones del alma.

Joy in bread and stone,
joy in fire and rain.

In what changes, is born, grows,
consumes itself, and becomes a kiss again.

Rejoice in the air we have,
and in what we have of earth.

When our life dries up,
only the roots remain to us,
and the wind is cold like hate.

Then let us change our skin,
our nails, our blood, our eyes;
and you kiss me and I go out
to sell light on the roads.

Rejoice in the night and the day,
and the four stations of the soul.

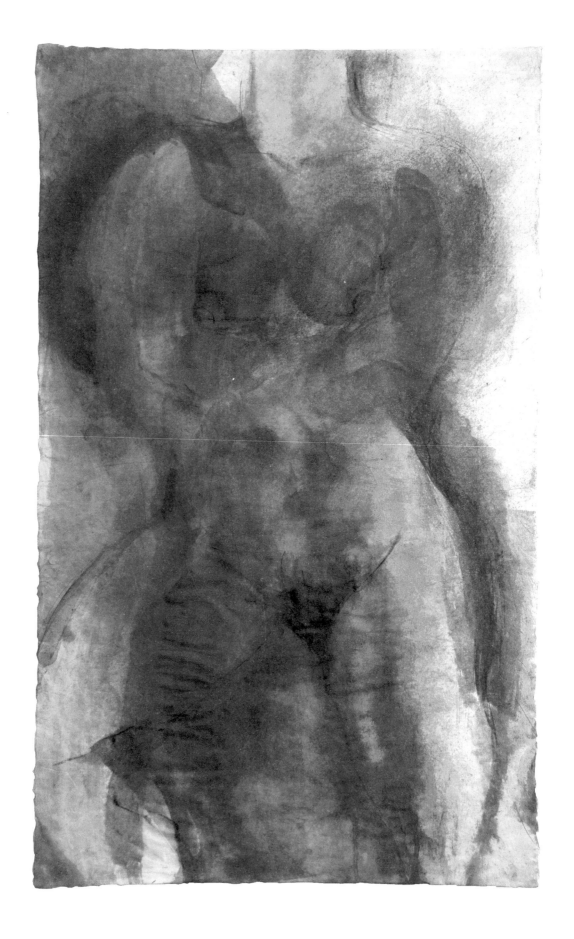

Amor   Love

Amor

Tantos días, ay tantos días
viéndote tan firme y tan cerca,
cómo lo pago, con qué pago?

La primavera sanguinaria
de los bosques se despertó,
salen los zorros de sus cuevas,
las serpientes beben rocío,
y yo voy contigo en las hojas,
entre los pinos y el silencio,
y me pregunta si esta dicha
debo pagarla cómo y cuándo.

De todas las cosas que he visto
a ti quiero seguirte viendo,
de todo lo que he tocado,
sólo tu piel quiero ir tocando:
amo tu risa de naranja,
me gustas cuando estás dormida.

Qué voy a hacerle, amor, amada,
no sé cómo quieren los otros,
no sé cómo se amaron antes,
yo vivo viéndote y amándote,
naturalmente enamorado.

Me gustas cada tarde más.

Dónde estará? voy preguntando
si tus ojos desaparecen.
Cuánto tarda! pienso y me ofendo.
Me siento pobre, tonto y triste,
y llegas y eres una ráfaga
que vuela desde los duraznos.

Love

So many days, oh so many days
seeing you so tangible and so close,
how do I pay, with what do I pay?

The bloodthirsty spring
has awakened in the woods.
The foxes start from their earths,
the serpents drink the dew,
and I go with you in the leaves
between the pines and the silence,
asking myself how and when
I will have to pay for my luck.

Of everything I have seen,
it's you I want to go on seeing;
of everything I've touched,
it's your flesh I want to go on touching.
I love your orange laughter.
I am moved by the sight of you sleeping.

What am I to do, love, loved one?
I don't know how others love
or how people loved in the past.
I live, watching you, loving you.
Being in love is my nature.

You please me more each afternoon.

Where is she? I keep on asking
if your eyes disappear.
How long she's taking! I think, and I'm hurt.
I feel poor, foolish and sad,
and you arrive and you are lightning
glancing off the peach trees.

Por eso te amo y no por eso,
por tantas cosas y tan pocas,
y así debe ser el amor
entrecerrado y general,
particular y pavoroso,
embanderado y enlutado,
florido como las estrellas
y sin medida como un beso.

Por eso te amo y no por eso,
por tantas cosas y tan pocas,
y así debe ser el amor
entrecerrado y general,
particular y pavoroso,
embanderado y enlutado,
florido como las estrellas
y sin medida como un beso.

That's why I love you and yet not why.
There are so many reasons, and yet so few,
for love has to be so,
involving and general,
particular and terrifying,
joyful and grieving,
flowering like the stars,
and measureless as a kiss.

That's why I love you and yet not why.
There are so many reasons, and yet so few,
for love has to be so,
involving and general,
particular and terrifying,
joyful and grieving,
flowering like the stars,
and measureless as a kiss.

ALASTAIR REID is a poet, a prose writer, a translator, and a traveler. He has published more than thirty books, including poems, prose chronicles, and translations, and has translated the work of many Latin American writers—in particular, Jorge Luis Borges and Pablo Neruda.

ALASTAIR REID es poeta, escritor, traductor y viajero. Ha publicado más de treinta libros (de poemas, crónicas, traducciones) y ha traducido las obras de varios autores latinoamericanos, incluyendo las de Jorge Luis Borges y Pablo Neruda.

MARY HEEBNER is a visual artist and writer whose paintings, photographs, and artist's books are in museums, libraries, and public and private collections worldwide.

MARY HEEBNER es una artista visual y escritora cuyas pinturas, fotografías y libros de artista hacen parte de diversas colecciones privadas y públicas en museos y bibliotecas del mundo entero.